I0201545

# The
# Legacy of the Days

# مِيراثُ الأَيَّام

## قصة باللغة العربية الفُصحى الحديثة

للمستوى المُتقدم و ما فوق

AYMAN M. MOTTALEB
أيمن م. مُطِلب

This book is part of the Arabic Practicum Series of the Institute for Middle Eastern and North African Studies. The series is devoted to teach Arabic, other Middle Eastern Languages, and North African and Middle Eastern issues in an academic and simplified format. The materials in the series are presented in different format: Written, Audio, and Visual.

For more information about the series, please visit:

http://publications.institute-mena.net/Publications/

**For your feedback, send an email to:**
ADMIN@ PUBLICATIONS.INSTITUTE-MENA.NET

To purchase the Audio/ visual version of this book, please visit:
http://publications.institute-mena.net/Publications/?page_id=6

**The Institute for MENA Studies Publications**

ISBN: 0692373152
ISBN-13: 978-0692373156

# DEDICATION

To my family, friends, and students.

# CONTENTS

# Introduction                    تقديم

*About the ARABIC PRACTICUM SERIES*

Learning Arabic in the United States is relatively a new subject. At least not until 2001 when Arabic started to become one of the favorite college subjects. However, after reaching intermediate or even advanced level, many students of Arabic become frustrated because of the lack of materials that help them to improve their language. The Arabic Practicum Series uses pedagogy and andragogy methodologies to ensure that readers and learners are achieving their goal of learning, using, and communicating in several Middle Eastern languages.

*About this book*

This book is a short novel written by Mr. Ayman Mottaleb. He is a writer and a poet, which in Arabic we call such person أديب. Although this short story is written in a simple MSA, it might still be challenging for non-Arabic speakers. For this reason, the author is offering additional two aids methods for non-Arabic speakers: first, a vocabulary section at the end of the book. Second, online audio/ visual aids to follow the reading. In addition to the list of vocabulary and its definition in English, the author also offered additional list that includes the vocabulary in context. This list includes vocabulary used in different contexts.

In this book, the author introduces the readers to the Arabic literary analysis. Therefore, he kept the basic literary standards and Arabic Rhetoric, البلاغة.

This book can be used in a class setting as an assigned or optional reading. The Institute for MENA Studies is offering additional materials to be used for classroom or homework.

*About Arabic Rhetoric*

The core of the Arabic literary work is known as **بلاغة**, which means literary the Eloquence. Everyone who spends enough time study Arabic Language and Culture should study the rules of Arabic Eloquence if he or she intends to pursue studies or analysis to Arabic literary works.

Moreover, literary analysis relies on understanding the circumstances and the usage of certain phrases and expressions. In Arabic, when you reach an advanced level in analyzing Arabic Literature you will see how understanding the **بلاغة** could be very rewarding.

This book is not presenting intense analyses to the **بلاغة**; however, at the end of this book, the author is providing few simple analyses to Arabic Rhetorical situations and words' choices. Since this book is not focused on **بلاغة**, the author is providing a sample analysis to few excerpts. There is also an optional study material for advanced readers who are learning, or interested in learning **بلاغة** rules, which can be ordered through the Institute for MENA Studies.

*About the Readers of this book*

If this is your first time reading MSA literary work, do not be frustrated. Learning is accumulative task. You might not understand every word, but keep reading and evaluate how much you understood at the end of each chapter. If you accumulate a list of words that you did not understand, see if this word is listed at the end of this book or consult a dictionary.

Ayman Mottaleb
Author
The Institute for MENA Studies

# English Synopsis

When the father knew the death is imminent, he called his son, Mohsen, to come to see him. In his last words before dying, the father asked the son to take care of his elderly mother. He also demanded the son to maintain the wealth he left for him. In the story, you will read how he dealt with his elderly mother and how he managed his affairs.

Because Mohsen was surrounded with a bad company, he did not fulfill his promise to his dying father. Furthermore, he seduced and married a girl who was working for him. After only two months of their marriage, he abandoned her. However, the divorced young lady discovered that she was pregnant. In the story, you will see how Mohsen dealt with the mother of his child.

In the midst of this chaos, as you will read in the story, Mohsen will end up committing a crime, and spend long-term in prison. He leaves the prison an old man with no friends or wealth. He started over, and restructured himself. You will learn how Mohsen was able to reestablish himself after leaving the prison.

In the final episode, you will read that he reunites with his old friends again. You will also read where this reunion led him. You will also read about the resurfacing of other important characters that will contribute to the emphatic shift in the story.

# الفصل الأول
# على فِراشِ الموت

عندما اِشتد المرضِ[١] علي والد محسن أراد أن يُؤتوا له بإبنه الوحيد وكلما أحس بأقتراب الأجل[٢] ألَح في طلبه لرؤية إبنه ليُسدي[٣] لهُ بآخرِ نصائِحه ووصاياه.

ودخل محسن علي والده وهو مُسجًّى في الفِراش

- **والِد مُحسِّن:** هل جئتَ يا محسن ؟

- **محسن:** نعم يا أبي .. هل أرسَلْتَ في طَلبي؟

- نعم يا بُنَيَّ[٤] إنني أَشْعُرُ بِاقْتِراب المَّنِية.

- لا تقُل ذلك يا أبي , لِمَنْ ستترُكَنِّي.

**فَرَدَ والِدُه مستنكراً لنواح إبنه:** أتبكي؟؟ أأترك[٥] والِدتك مع طفلٍ صغير؟ أنا أريد أن تكون أمك أمانة

في عنقك[٦] ..كُن حريصــاً علي أمِك وعلي صِــحَتِكَ ومَالِكَ. هل تفهم يا بُـنَـيَّ؟

وكانت هذه الكلمات آخر ما نطق بِهِ ذلك الشيخ فقد لفِظَ أنْفاسه[٧] الأخيرة آملاً في أن إبنه مُحسِن سيحافظ على إرثه و يهتم بأُمِه العَجوز.

لكن لم يضع الرَجل ثقته في محلها، فلقد أصبح المنزل ملاذاً للفاسِقين يشربون فيه الخمر ويلعبون الميسر حتى الصباح. فتحدثْت معه أمه:

- **والِدة محسن:** ياولدي لقد ترك أبيك هذه الثروة أمانة في عنقك فضلاً علي إنه بسبب هِرمي فقد تركني أمانة في عنقك أيضاً.

- **مُحسِن:** أنا لم أقترِف ذنباً يا أُمي. كل ما أفعله أنني آخذ نصيبي من الحياة كأي شاب.

**ولقد كان يتكلم متلعثماً تحت تأثير الخمر ..**

- ياولدي هذا المنزل كان بيت يحتويه الملائكة لكنك بأفعالك هذه جعلته قِبلة للشياطين.

- لماذا هذه المبالغة يا أُمي؟ نحن تستمتع بالحياة.

- ليست هذه متعة , هذه التصرفات تجلب لك الصحة السيئة وكراهية الناس ..

و لكن مُحسِن رد على والدتِه بعدم اكتراث:

- كفانا الحديثكُل يوم في ذاتِ الموضوع. لقد سئِمْتُ مِن سَماع كل هذه الإتهامات الموجهة لأصدقائي.. أنا ذاهب لأَصْدقائي فهم ينتظرونني.

وذهب هذا الفاسد لأترابه وأنفقوا الليل كله في لعبٍ و لهوٍ وأرادوا لواِختلسوا من النهارِ ساعات وساعات ليكملوا فيها السهر لولا أشتداد تأثير الخمر علي

عقولِهم.

وذهب مُحسِن إلى سريره⁸ في الرابعة صباحاً وأستيقظ في الثالثة مساءً. وهكذا أصبحَ يكاد لا يري الشمس إلا حين يستيقِظ وهي تكون قد قاربت علي الرحيل.

فكررت والدته الحديث إليه :

- ياولدي إن هؤلاء الفاسقين كالذئاب سيأكلونك لحماً وسيتركونك عظاماً فانية⁹.

- لقد نفذ صبري¹⁰ يا أُمي.. ولا أريد الحديث في ذلك الموضوع مرة أخري فهؤلاء هم أصدقائي ولن أتركهم أبدا.

وأشتد الخلاف ,ومحسن لا يريد أن يغير رأيه؛ بل أخذ في الصياح في والدته

# الفصل الثاني
## قُتِلَت بيدِ إبنها

واحتد النقاش بين محسن و أمه التي حاولت جاهدة أن تمنعه مِن قضاء وقت مع أصحاب السؤ. و إستمر مُحسن في صياحه و ثورته؛ و كان قد فاض الكيل بأمه فردت عليه ثائرة:

ـ أنا لن أسمح لك أن تتكلم معيَّ بهذا الشكل أو تتمادى في أفعالك الحمقاء .. هذا المنزل لن يدنس! هل تفهم؟

وفي هذه اللحظة دخلَ الخادم قائلاً:

_ ياأستاذ محسن؛ لقد حَضَرَ أصدقائك.

_ رد محسن قائلا: أبلغهم أني آتٍ ..

وذهب الخادم .. وتقف أمه في طريقه لتمنعه من الذهاب ولكنه يدفعها لترتطم بالجدار

وتسقط علي الارض فيهرول إليها، ولكنها وقعت مغشية عليها فجري ذات اليمين وذات اليَسار ولكن لم يستطع أن يعمل أي شيء حتي أحضر أحد الخدم الطبيب .

**الطبيب:** إمسح دموعك أيها الشاب .

**" عجباً! أهو يبكي وهو الذي فعلها؟**
**ولكن الصخر عادةً ماينضح بالماء"**

_ **الطبيب:** يبدو أن هذه الإصابة كانت بسبب اِرتطام شديد .

_ **محسن (متلعثماً):** نعم .. نعم .. لقد وقعت .. نعم وقعت ... كانت وقعةً شديدة فهي فاقدة التوازن بسبب كبر سنها .

و هكذا تحدث مُحسن كذباً ليُنْقِذ نفسه خيفةً من العواقب القانونية لجريمته في

حقِ أمه و لم يكترث بعقوبة السماء.

ولم تتحمل المرأة آلام الإصابة بسبب سنها فماتت وهي تكره اليوم الذي أنجبت فيه هذا الوَلَد العاق.

وبعد موت أمه أصبح كالجسد بلا عقل وصار يقضي أوقاته في الملاهي الليلية والأماكن المشبوهة وأصبح المنزل قِبلة الفسوق.

# الفصل الثالِث
# خِيانة الوعد

تودد محسن إلي إحدي العاملات في مصنعه المورث إليه عن أبيه وأغراها بالمال وبالوعود بأنها ستصير زوجة له فأسرها مارأته من ثراء فقبلت الزواج منه. وكان كعادته لاهياً فتركها بعد شهرين من زواجهما وطلقها. لم يتوقف الأمر عند هذا الحد فقد تركها بلا نفقات وكانت حينئذ في أحشائها جنيناً لا تعرف كيف يمكنها أن تدبر له مستقبله. و بالطبع رفض محسن أن يعترف بإبنه حتى يتفادى نفقات الطفل و أُمه.

ولكن هذه الفتاة رأفت بها رحمة الله وتزوجت من رجلٍ شريفٍ..

وفي ذات الوقت خَسِر محسن أموالاً كثيرة وأصبح لا ينفق علي أصحابه كعادته فعنَفوه، ثُم قال أحدُهم:

- ويحك يا محسن! ماذا حدث لك؟ لا تجعل يدك مغلولة إلى عنقك هكذا. ألسنا أصدقائك؟

- **رد محسن و هو يرتجف:** إنني علي وشك أن أخْسَرَ كل أموالي.

**فرد آخر قائلاً:** نراك متشائما .. لا تخف!

- في الواقع هذا الامر يُقلقني كثيراً. أنا أصبحتُ لا أنام الليل بسبب التفكير.

- **فقال آخراً بعد أن قرأ قصة سرقة كبيرة و فِرار الجُناة بغنائم السرقة:** عِندي فكرة ستريحنا جميعاً من هذه الأزمة المالية التي نَمُرُ بها. ما رأيكم في سرقة أحد المحلات الكبري؟

**فيضحك الجميع على و كأنه قال نُكْتة**

- **فيرد جاداً:** مالُكم تضحكون؟ هل قلتُ نُكْتة مُضحكة؟ أنا جاد فيما أقول. فكروا جيداً ما هو الذي يمكننا أن نفعله؟ نحنُ بلا أي مؤهلات أو قدرات. و أي عمل لن يكفينا عائده! كل ما أريده منكم أن أعرف إن كنتم موافقين على هذه الفكرة.

- **فيردون – عدا محسن:** نحن موافقون!

- **محسن:** لا..لا أستطيع أن أسرق.

- أذاً فأنت ليس لك غنيمة معنا في هذه السرقة.

- ولكن أنا صديقكم ورفيقكم. لقد أغدقت عليكُم من المال!

- **فَرَدَ عليه أحدهم قائلاً:** نعم أنتَ صديقنا ولكنكَ لا نريد أن تكون رفيقاً لنا. لقد تخليت عنَّا يا مُحسِن. لِذلك هذا المال لن يكون لك نصيب فيه.

- ولكنني أحتاج هذا المال.

- **أحد الأصحاب:** لو كنت تحتاجه فعلاً لَكُنتَ معنا .. ولكن أنت تريد المال بلا مُخاطرة. تذكر يامحسن "يفوز باللذاتِ كل مغامرٍ."

- **ثم قال آخراً:** نعم يا محسن إما أن تَـكُن معنا أو نعتبرك ليس منَّا بعد اليوم.

- **مُحسن:** و لكن أنا أُقسِم أنني .....

فيهُب أصحابه تاركين للغُرفة متوعدين
ألا يَبقوا على صداقتهم مع مُحسن....
فصاح محسن مُتَوسِلاً:

- إنتظروا.. إنتظروا... لا تتركوني.. أ نا معَكُم.. أنا معَكُم.

أيمن مُطلب Ayman Mottaleb

# الفصل الرابِع
# الجريمة و العقاب

و يتداول أصحاب السؤ على تفاصيل جريمتهم. و يخططون لسرقة أحد المحلات التى يمتلكها رجلٌ ناهز الثمانين من عمره. و كانت الجريمة سهلة و غنيمتها كبيرة لأن صاحب المحل لم يستطع مقاومة هذه المجموعة من الشباب الذين لم يترددوا من أن يصفعوا صاحِب المحل على خده ليرهبوه.

و لكن غنيمة هذه السرقة سُرْعان مانَفِذَت بسبب سهراتهم و لعبهم للقمار. فتجمعوا مرة أخرى لينفذوا جريمة أخرى عسى أن تغدق عليهم بمالٍ أكثر مما قبلها.

- **مُحسن:** يا شباب كِفاية! المرة السابقة مرت بِسلام و لكن من يدري ماذا سيحدث المَرة القَادِمة.

- يا محسن أنتَ تتصرف مثل الأطفال. كل شئ

مَدْروس و مُخَطَط له. لا تقلق!

و بالفعل بِسَبب تخطيطهم نجحوا في جريمتهم وتمكنوا من سرقة أحد محلات الذَهَبْ. كانت الغنيمة كبيرة هذه المرة.. و بالطبع نفذت في خلال بضعة شهور.

فخططوا لسرقةٍ جديدة؛ و لكن هذه المرة لم يكن محسن متردداً. على العكس كان متطلعاً لأن ينال نصيبه من السرقة.

ويذهب محسن ومعه أصحاب السؤ فتتم السرقة مرة أخرى. ولكن بعد أن تتم الجريمة و يحاولون الفرار يراهم الحارس فيهربون إلا محسن. و يتم القبض عليه. و رغم أنه إعْتَرَف للبوليس على أصحاب السؤ فقد شهِّدوا كلهم ضده ليُنقِذوا أنفسهم. و لكنهم ما نَجوا فقد حُكم عليهم بالحبس أيضاً و لكن لمدة أقل من مُحسن لأنه قُبِضَ عليه متلبساً بالجريمة.

و بعد أن خسر كل أمواله على أتعاب المحامين يَلْقَى جزاؤه في السجن لمدة عشر سنوات. لقد كان الحكم عند قرائِته مثل الصاعقة التي نزلت عليه فجأةً.

و لأن مُحسن كان يتقن الأعمال المكتبية فقد عمل في مكتبة السجن و في مكتب مأمور السجن. أيضاً حاول أن يبتعد عن أصحاب السؤ و لم يتصل بأي منهم. كان يبدو أنه أدرك خطأه و أراد أن يُكَفِر عن ذنبه. و مرت عليه السنوات العَشَر و كأن كل سنة كانت بعَشَر أمْثالها. كان الوقت يَمْضِّي بِبُطء شديد يكاد يقتله.

وأخذ الزمان ينشب أنيابه في جسده حتي خارت قواه واشتعل الرأس شيبا وخرج من السجن وهو في السادسة والأربعين مِن عمره.

Ayman Mottaleb أيمن مُطلب

# الفصل الخامِس
# هل ستعود ريما إلى عادتها القديمة؟

وبعد أن قضى عقوبته وخرج من السجن أراد أن يعيش في زمرة الشرفاء. ولكنه تذَكَّرَ أن له مالاً عند رِفاق السؤ فحاول أن يستردَ ماله منهم. ولكن كان كمن يبحث عن إبرةٍ في كومةٍ من القش. بعد أسابيع من البحث لم يتمكن من أن يجدهم.

فأخذ يبحث عن عمل حتي وجد من يقبل أن يمنحه عمل لديه. ولأنه كان يجيد عدة لغات أجنبية فأجتباه صاحب العمل وأصبح من المقربين لقلبه.

- **صاحب العمل:** محسن أنا ذاهب لأقضي بعض الحاجات. وسيأتي إبني فإن جاء فلَبِّي له طلبه.

- **رد محسن:** لك ما تريد.

وبعد أن ذهب الرجل جاء اِبنه.

- أهلا يابني .. ماذا تريد؟ لقد طلب مني والدك تحقيق طلباتك.

- لا تقل لي اِبني فأنت مجرد عامل عند والدي. خصوصاً أنا لا أُريد أن أسمع كلمة اِبني مِن سجين سابق مثلك. كل ما أريده هو أن تُعطيني خمسمائة جنيه مِن مالِ والِدي.

_ لا..لا أستطيع اعطاؤك هذا المبلغ. والِدكَ لم يأّذن لي بأن أعطيك هذا المَبْلَّغ الكبير.

- كيف تقول ذلك؟ هذا أمرٌ مني بذلك

لكن محسن لم يُعطي الإبن ما أراد فما أن عَلّم صَاحِب المَصْنَع بذلك حتي زاد تَقْديره لمحسن. وأصبح أكثر اقتراباً مِنه. لكن هل ستستمرُ الأمور علي ماهي عليه؟! أَمْ ستعود ريما لعادتها القديمة؟!

وتمرُ الأيام، ويجد رفاق السؤ طريقهم إلى محسن. فحاول الإبتعاد عنهم و لكنهم لم يكفوا عن محاولة التقرب مِنه. و بعد أن عادت صداقتهم أخذوا يحببون إلي نفسه الرجوع عن الطريق المستقيم حتي وجد نفسه يسير معهم في طريق أعوج مرة أخرى ظناً أنه أقرب الطرق إلى الثراء. هو فعلاً أقربها ولكن إلي الهاوية.

- **قال محسن:** علينا أن نتوخى الحذر هذه المرة. أنا لست مستعداً للرجوع إلى السَجْن.

- **فقال أحدهم:** نعم بالطبع يامحسن. لاتقلق! لن يتكرر خطأ المرة السابقة.

- **رد أخر:** نسرق المصنع الذي تعمل به يامحسن. مارأيكَ؟

- **بعد تفكير.. رد محسن:** لقد بدأت هذه الفكرة تروق

لي وخاصة أنني أعلم بمواعيد الحضور و الإنصراف. كما أنني على علم بمداخل و مخارج و كل نقاط الضعف بالمصنع. فضلاً على أن هذا الرجل لايشك في البتة. يوم الجمعة أفضل يوم لأن صاحب المصنع سيسافر و سيكون بعيداً عن المصنع. سننفذ العملية الساعة الثامنة مساء يوم الجمعة أثناء تغيير وردية الحراسة.

و في الساعة الثامنة مساءً ذهبوا لإتمام ما اتفقوا عليه. و أثناء السرقة، أراد الله أن يَكْشُف ما بَطَن حيث دخل صاحب المصنع و رأي المجرمين أثناء إرتكابهم لفعلتهم. فلَعَن الرجل محسن هو و أصدقاء السؤ ثم إشتبك معهم في معركة غير متكافئة.

و كاد صاحِب المصنع أن يُقْتَلَ خنقاً بأيدي محسن و رفاقه في هذه المعركة لولا حضور إبنه (خالد). و فور وصول الإبن لاذت صُحَبَة الشر بالفرار؛ و كأن

التاريخ يُعيد نفسه فمحسن لم يتمكن من الفِرار لأنه كان يَتَقاتَل مع إبن صاحب المصنع. و إنتهت هذه المعركة بأن دس إبن المصنع بخنجرِهِ في صدر محسن. و جاءت الشرطة و قبضت على إبن صاحب المصنع. أما محسن فقد كان في حالةٍ خطرة و تم نقله إلى المستشفى.

و هرولت أُم خالد إلى المستشفى لتتوسل إلى محسن ألا يُخبر أحد بأن إبنها هو من طعنه بالخنجر. و ما أن تتلاقى عيونها مع عيون و وجه محسن حتى تقول مندهشة:

- ما هذا.. أنا لا أُصدِّق! أأنت محسن؟ -- ألا تعرفني؟ أنا أُم إبنك الذي تبرأت منه!

فرد محسن بتعجرف رغم إصابته:

-- و ماذا تريدين الآن مني؟ إترُكينِي لشأني...

-- لا .. لا.. أرجوك .. إن الذي طعنك بالخنجر هو إبنك و هو لايعرف أنك والِده! أرجوك لا تُخْبِر البوليس أنه حاول قَتْلِك... هذا تدمير لمستقبل إبنك.

و إشتددت الآلام على محسن و كأن كلمات والدة خالِد كانت طعنة أخرى له فقد مات بعدها. و هكذا قدر الله أن يُقتَل بيد إبنه كما قتل هو أمُه العجوز... و لقد نفذ الله أمراً كان مقضيا[١١]....

**حقاً سواء شئت أم لم تشأ سترث ميراث الأيام**

# VOCABULARY الكلمات

## ا

| | |
|---|---|
| Accusation (sing.) | إتهام (مُفرد) |
| Accusations (Plural) | إتهامات (جمع) |
| Gets hit with, bang against, crashed with | إرتطم بـ |
| Increase, Be serious | إشتَّد |
| Becomes sick | .... المَرّضَ |
| Approach | إقتراب |
| Death is eminent | إقترب الأجل |
| Urge, Press | ألَح |
| Trust | أمانة |
| Thrust | أنشب |
| Thrust his teeth | أنشب أنيابه |

## ب

| | |
|---|---|
| Concealed, hidden | بَطَن |
| Son | بُنَي |
| O' Son | يا بُنَيَّ |

## ت

| | |
|---|---|
| Arrogance | تعجرف |

## ث

| | |
|---|---|
| Trust, confidence | ثِقة |

## ج

| | |
|---|---|
| Crime and punishment | الجريمة و العقاب |

## ح

| | |
|---|---|
| Protects, keep | يحافظ |
| Careful, prudent | حريص |
| Speech, conversation, talking | الحديث |
| Enough talking | كفانا..... |
| Try | حاول |
| Came | حَضرَ = جاء |
| Really | حَقاً |

## خ

| | |
|---|---|
| Alcohol, liquor | الخَمْر |

## د

| | |
|---|---|
| Destruction | تدمير |

## ذ

| | |
|---|---|
| Wolf | ذِئْب |
| Wolves | ذئاب |

## ر

| | |
|---|---|
| Companions | رِفاق |

## ز

| | |
|---|---|
| Time | زَمان |

## س

| | |
|---|---|
| Grant, give, confer | لِيُسدي |
| Fed up with, tired of | سئِم |
| Robbery, theft | سرقة |

## ش

| | |
|---|---|
| Daemons | الشياطين |

## ط

| | |
|---|---|
| Request | طلب |
| Thrust, Stab | طعنة |
| Path | طريق |

## ع

| | |
|---|---|
| Neck | عُنُق |
| Elderly | العَجوز |
| Say *(imperative)* | قُل |
| Do not say | لا تقُل |
| Disregard | عدم اِكتراُث |
| Almost | على وَشَك |

## ف

| | |
|---|---|
| Aggressor, bad company | الفاسِقين |
| Indecency, | الفسوق |

## ق

| | |
|---|---|
| Skills | قُدرات |

## ل

| | |
|---|---|
| Spits, ejects | لَفَظ |
| Cursed, condemned | لَعِن |

## م

| | |
|---|---|
| Laying down/ Sleeping | مُسجًّى |
| Death | المَنِية = الموت |
| stuttering | مُتَلَعْثِماً |
| Angels | ملائكة |
| Factory | المصنع |
| Qualifications, college degrees | مؤهلات |
| Who knows | من يدري |

## ن

| | |
|---|---|
| Say, Pronounced | نَطَق |
| Ran out | نَفَذَ |

## هـ

| | |
|---|---|
| Walk fast, hurry | يُهَرْوِل |

# VOCABULARY IN CONTEXT

| | |
|---|---|
| Last word | آخر ما نطق بِهِ |
| They had wished if they could have stolen … | وأرادوا لو إختلسوا |
| I beg you! Do not tell the police that he had tried to kill you. | أرجوك لا تُخْبِر البوليس أنه حاول قَتْلك |
| Committed a sin, made a mistake | أقترف ذنباً |
| Old lady | إمرأة عجوز |
| Although the grammar rule may imply that عجوز should match الموصوف. The word عجوز is both masculine and feminine. | |
| Because of my old age | بسبب هِرمي |
| Become vigilant | توخى الحذر |
| She tried hard | حاوَلَتْ جاهِدة |
| Whether you like or not, you will inherit the legacy of the days | حقاً سواء شئت أم لم تشأ سترث ميراث الأيام |
| *This phrase concludes the main idea in this short story. This phrase is similar to what we say, "what goes around comes around."* | |
| Bad, or shocking, news, which feels like a stab or thrust of the knife. | خبر كالطَعنة |
| Bad company *(bad friends to spend time with)* | رفاق السوّ |

| | |
|---|---|
| Answer ……<br><br>*Do not be confused because of the use of proposition على. Although على is known as on, in this context has an auxiliary role. Therefore, it should be disregarded when translating.* | رد على |
| The Factory owner/ the store's owner<br><br>*Although the word صاحب is known to some novice and intermediate learners as companion. If it is used in a combination with an enterprise, it indicates that the person is the owner of this facility.* | صَاحِب المَصْنَع<br><br>صاحب المحل |
| They did not hesitate to slap (on the face).<br><br>*In most of the MSA literary works, the verb صفع is used instead of ضرب when a person smack or slap someone on the face.* | لم يترددوا من أن يصفعوا |
| A bad behavior ≠ Good Behavior | طريق أعوج ≠ طريق مستقيم |
| He thinks it is the best way to get rich | يظن أنه أقرب الطرق إلى الثراء |
| Enough talking about the same topic every day. | كفانا الحديث كُل يوم في ذاتِ الموضوع |
| Be Prudent, be careful | كُن حريصاً |
| He was like someone who is looking for a needle in a haystack.<br><br>*This sentence is an example of an Arabic idiom. It is a figurative speech that shows how hard to find something.* | كمن يبحث عن إبرةٍ في كومةٍ من القش |

| | |
|---|---|
| Run some errands | لأقضي بعض الحاجات |

| | |
|---|---|
| Died | لِفظَ أنفاسه = ماتَ |

*Please read more in the بلاغة section in this book.*

| | |
|---|---|
| He did not give the son what he wanted (asked for). | لم يُعطي الإبن ما أراد |

| | |
|---|---|
| He did not care about the punishment of God. | لم يكترث بعقوبة السماء |

*The word السماء in Arabic literature is an example of the use of metaphorical expression about the mighty power of God in the Arabic culture.*

| | |
|---|---|
| Is Rima getting back to her old habits? | هل ستعود ريما إلى عادتها القديمة؟ |

*This phrase is an old Arabian proverb. In this phrase, Rima is an allegorical personification of the persistence of an old habit that never changes. No one knows whether Rima was ever a real figure or she was a mere symbolic and mythical figure. Indeed, the main idea of the proverb is to prove a certain point, such as the expectation of someone (Rima) eventually will be back to her old habits.*

# SIMPLIFIED ARABIC RHETORIC البلاغة المُبَسَّطة

---

[1] The use of .... إشتَدَّ المرض على instead of مَرِض (see meaning of مَرِّض), this is an example of Metonymy كناية in Arabic. It signifies the increase of the sickness of a person. The author used this form to imply that sickness depleted the energy of the patient المريض and that sickness took full control over the patient.

---

[2] The use of إقتراب الأجل is an example of إستعارة, when the author make the death as a human approaching the patient to end his or her life. The use of this phrase shows that death is eminent and that the person expecting it at any time. Remember, the word الأجل when used in contractual meaning, it refers to the due date. For writers of literary works the use of إقتراب الأجل signify the end of a life cycle.

---

[3] Although the word يُسدي may be considered a synonym to the word يُعطي. The word يُسدي implies conferring or granting rather than mere giving.

---

[4] The author used التصغير, the Diminutive Pattern, in the phrase يا بُنَيَّ instead of يا إبني. This format shows the closeness and the special consideration the father has for his son. Arabic writers not only can be affectionate, but also they may be excessively exaggerative to emphasize their thoughts. This form also stresses on the higher authority of the fathers over their sons.

---

[5] Some novice Arabic learners may consider the question with هل and همزة الإستفهام as the same interrogatory format. However, the author used the همزة الإستفهام in the question أأترك ...؟ instead of هل أترك ...؟ to emphasize on the importance of the issue. Therefore, this is a form of rhetorical question in MSA, which the author emphasize on the importance of certain issue.

---

[6] The word أمانة is used to show that the father put emphasis on the importance of taking care of the mother. He depicted the delinquency in taking care of the mother as a betrayal or a breach of trust.

---

[7] This phrase used figurative speech; the phrase figuratively describes the dying man as he spits his own soul.

---

[8] The use of phrase وذهب مُحسِن إلي سريره is an example of تشبيه. Mohsen portrayed the bed as human; therefore, instead of using the verb نام or ينام, he gave the impression that he is traveling to see a friend (the bed). This is an indication of exhaustion or extreme tiresome.

---

[9] This is another use of تشبيه; in this case the word كـ is an indication of deploying this rule of بلاغة. The mother portrayed the friends as wolves surrounding her son.

---

[10] The use of نفذ صبري is an example of إستعارة (كناية). This is the case when the author *borrows* a character from another word to create a new figurative meaning. In this case, the author used the verb نَفَذَ, which is used with money when a person completely become bankrupted. In Arabic, the صبر (patience) is regarded as a supreme virtue or virtual wealth. Therefore, it is an indication that Mohsen ran out of patience.

[11] The sentence و لقد نفذ الله أمراً كان مقضيا is a figurative speech. The use of the figurative speech مجاز مُرسل in this phrase implies that no one could stop certain event because it was deemed predestined.